もくじ

1. 大地震の前ぶれ …………………………………… 2
2. 緊急地震速報って？ ……………………………… 4
3. 地震がおきたとき、どうやって身をまもる？ ……… 6
4. 震源とゆれ ………………………………………… 8
5. 地震の種類としくみ ……………………………… 12
6. 地割れと液状化現象 ……………………………… 17
7. 地震による火災 …………………………………… 20
8. 応急手当のしかた ………………………………… 24
9. 地震に強い建物 …………………………………… 26
10. 災害時避難所にて ………………………………… 28
11. 地震災害の記憶 …………………………………… 30
12. 地震に備えて知っておこう！ …………………… 32

ボジョレーといっしょに学ぶ 自然災害

柴山元彦・戟 忠希 [監修]
まつした くにこ [文・イラスト]

地震の災害

ボジョレーたちが住む町「横坂市」。
海と山と豊かな自然にかこまれた都市です。
町には、古い建物がならぶ「歴史地区」と
新しい建物がならぶ「新市街」があります。

※この本に出てくる町は架空の場所でじっさい
にはありません。

人物(犬)紹介

フレディ
小学5年生。勉強は
ちょっと(?)苦手。
サッカーがちょっと得意。

ボジョレー
ミックス犬の子犬。ワインの
ボジョレー・ヌーボーの
解禁日に生まれた。

災害時には、レスキュー
として活躍?する

オリーブ
フレディのお母さん。
料理が大好き。

ジョン
フレディのお父さん。
新市街にある健康器具
メーカーのサラリーマン。

1. 大地震の前ぶれ

2. 緊急地震速報って？

「おっきい…顔こわいな…」

「P波がきたからだな…！」

地震がおきると2つの速さのちがう波がうまれるんだ。

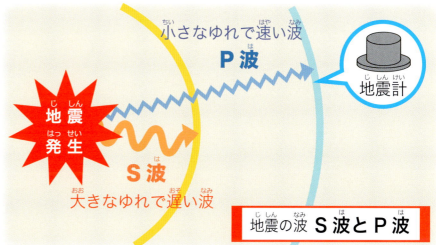

地震の波 S波とP波

地震のときは、最初はカタカタという小さなゆれを感じて、そのあとにユサユサと大きなゆれを感じることが多く、そのゆれは地震のゆれをはかる「地震計」に記録されます。

小さなゆれで速い波を「P波」、大きなゆれで遅い波を「S波」といいます。建物がこわれるなどの被害をもたらすのはS波です。P波はS波より速いので、地震計にも早く波がとどきます。「P波」をいちはやくキャッチして、「S波」による強く大きなゆれがくる前に知らせるのが「緊急地震速報」です。

「緊急地震速報」が出てから強いゆれがくるまでの時間は、数秒から数十秒しかないので、あわてずに、まずじぶんの身をまもるのだ！

「緊急地震速報」や「緊急速報メール」が出たり、グラッとゆれを感じたら、まず、姿勢を低くして、机やテーブルの下に入って頭をまもりましょう（テーブルなどがなければ、からだをまるめて手で頭をまもる）。

そして、ゆれが止まるまで動かずじっとしていましょう。

家の外にいたら・・・

ブロック塀や看板、割れたガラスなど、たおれたり落ちてきたりするものからはなれましょう。

電車・バスに乗っていたら・・・

急ブレーキに備えて、手すりなどにしっかりつかまりましょう。

人がたくさんいる場所では・・・

あわてて出口に走ったりせずに、係の人にしたがって落ちついて行動しましょう。

■ 震源とは…

　地震は、地下の岩石に強い力が加わってこわれることによっておこります。しかも1か所だけではなく、いくつもの場所でこわれます。一番最初にこわれた場所を「震源」といいます。震源の真上にあたる地表の点は「震央」といいます。
　震源に近いところは強いゆれを感じ、遠くなるにしたがって、ゆれは弱くなります。

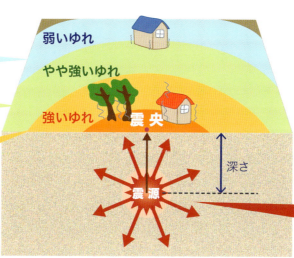

■「震度」と「マグニチュード」

　「震度」とは、地震がおこったときの、ある地点での地面のゆれの強さをあらわしたものです。震度の値は、場所によってことなります。これに対して、「マグニチュード」は、地震そのものの大きさ（地震のエネルギー）をあらわします。

なっ、なな…なんなんだっ！このゆれは！

■ どのようなところがゆれやすい？

地震がおきるとき、どこも同じようにゆれるわけではなく、大きくゆれるところやあまりゆれないところがあります。やわらかい地盤のところはゆれが大きくなり、建物がこわれる被害がおこりやすくなります。

図のように、地震波が固い岩盤からやわらかい地盤につたわるときに、ゆれが大きくなることがわかっています。

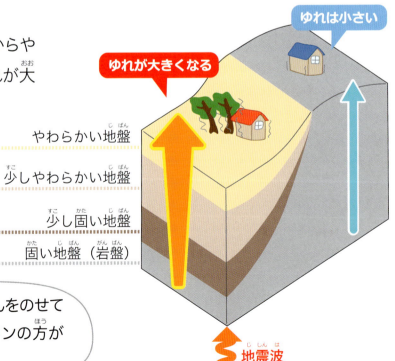

ゆれは小さい
ゆれが大きくなる
やわらかい地盤
少しやわらかい地盤
少し固い地盤
固い地盤（岩盤）
地震波

ひとつのお皿にプリンと水ようかんをのせて左右にゆすると、やらわかいプリンの方がよくゆれるのと同じなのだ！

5. 地震の種類としくみ

地下の岩石に強い力が加わって、こわれることによって地震がおこるんだよ。
どうして、岩石には強い力が加わるんだろう?

■ 地震をおこす「プレート」

地球の表面は、十数枚の「プレート」という固い岩石の層でおおわれています。「プレート」は、陸地や海をのせて、1年間に数センチ、つめがのびるくらいのゆっくりとしたスピードで動いています。プレートどうしは、とても大きな力でおたがいにぶつかったりおしあったりしていて、この力が地震をおこすのです。プレートには「海のプレート」と「陸のプレート」があります。

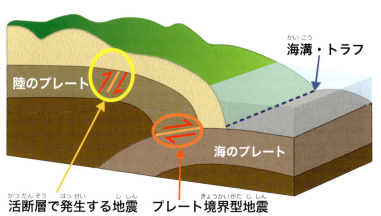

海のプレートが、ほかの陸や海のプレートにしずみこんでいる場所は、海底が細長い溝のようになっていて、水面からの深さが6000mより浅いものを「トラフ」それより深いものを「海溝」とよびます。この付近は、地震がおきやすくなっています。

■ 日本列島と「プレート」

日本のまわりには、「ユーラシアプレート」「北アメリカプレート」「太平洋プレート」「フィリピン海プレート」の4枚のプレートがひしめきあっています。だから地震が多いのです。

2011年3月11日の「東北地方太平洋沖地震」は、北アメリカプレートと太平洋プレートの境界の、日本海溝付近でおこった地震なんだ

では、どのようにして地震はおこるんだろう？

■ プレート境界型地震

海のプレートは、陸のプレートの下にもぐりこむように動きます。そのとき、陸のプレートの先の方もいっしょに引きずりこまれます。

陸のプレートの先が引きずりこまれてるぞ！

陸のプレートは引きずりこまれると、やがてその力にたえきれなくなって、もとにもどろうとしてはね上がり、陸のプレートと海のプレートのさかい目付近で地震がおこります。この地震は、巨大地震になることがあり、津波をともなうこともあります。

■ 陸のプレートの中でおこる地震

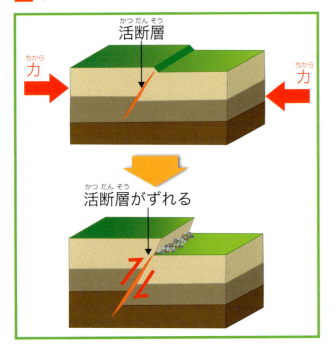

地面にずれが生じるとき、地震がおきます。このずれを「断層」といいます。過去にくりかえし地震をおこし、今後も地震をおこすと考えられている断層を「活断層」といいます。

活断層は、ふだんはじっとしていますが、海のプレートの動きなどによって、陸のプレート内に力が加わることが原因で、ずれて地震をおこすことがあります。

活断層は長さが長いものほど、大きな地震をおこす可能性があります。

活断層は人が多く住んでいる場所にもあるため、ずれて地震がおこると大きな被害をもたらします。直下型地震ともいわれ、1995年に発生した「兵庫県南部地震（阪神・淡路大震災）」がこのタイプの地震です。

過去に大きな地震をおこした活断層は、地表で確認できるものが多くあります。

人工衛星 ランドサットでみてみよう！ 断層の様子

ランドサットは、NASA（アメリカ航空宇宙局）やアメリカ地質調査所などが打ち上げている人工衛星です。デジタルカメラのような電子カメラを搭載した「地球観測衛星」で、衛星の真下の地球を撮影していきます。そしてその画像は、いろいろな分野で活用されています。

撮影した画像は、パソコンからインターネットでみることができます。

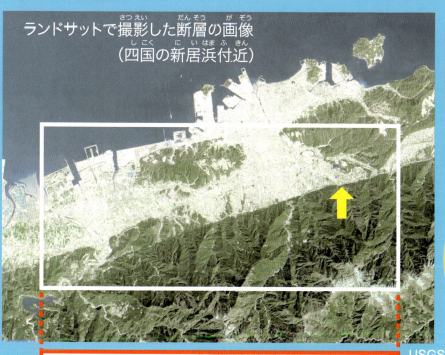

ランドサットで撮影した断層の画像
（四国の新居浜付近）

USGS/NASA Landsat

サットちゃん

ランドサットの写真と活断層図をならべてみると…

ほら、こんなにはっきり断層がうつっているよ！

赤い線が中央構造線断層帯とよばれる断層

国土地理院の都市圏活断層図を使用

協力：国立研究開発法人産業技術総合研究所

■ 火山活動によっておこる地震

地下のマグマの移動などの火山活動によっても地震はおこります。火山の周辺地下にはマグマの通り道となるところがあります。プレートの動きなどが原因でマグマが上昇すると、通り道には圧力がかかる上にマグマは熱いので、温度も上昇します。

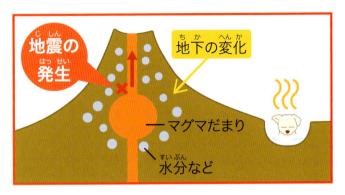

特に、地上に近いところは水分をより多くふくんでいるので、マグマの熱で水分が水蒸気になって、体積が数千倍にふくらむために、通り道の圧力はいっきに高まります。その圧力にたえきれなくなったら、岩盤が割れて地震が発生します。

6. 地割れと液状化現象

あっ！
地面が割れてるっ!!

フレディ、いつもここ自転車で走ってるから、あぶなかったぞ…

ガコッ

■「地割れ」とは？

「地割れ」は、地震の強いゆれによって地面にできる割れ目やさけ目のことです。埋立地や土砂をもってつくった場所など、やわらかい地盤のところでおこりやすくなっています。
　このほか、地下の岩石の断層が地震で地面にあらわれることがあります。断層があらわれるときは、地割れの両側が上下にずれていたり、よこにずれているのがみられます。

■「液状化現象」とは？

「液状化」は、埋立地などの水分がたくさんふくまれている地面でおこりやすい現象です。

このような地面は、①ふだんは砂粒どうしくっついてささえあっていて、その間に水があって安定しています。

②地震がおきると、強いゆれによって砂粒どうしのささえあいが崩れ、バラバラになりドロ水のようになってしまいます。地面に割れ目があると、そこからドロ水がふき出ることがあります。

③地震のあとには、ドロ水の中の砂粒どうしのすき間がぎゅっとつまるので、地面もしずんで建物がかたむいたりします。

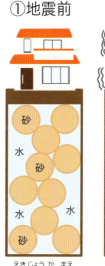
①地震前
液状化前

②地震時
液状化

③地震後
しずむ
液状化後

実験　砂と水とコップをつかって「液状化現象」のしくみをたしかめてみよう！

①使いすてのプラスチックコップ3個に1つは砂、もう1つには水を入れる。水をすてるためのバケツも用意する。

②砂が入っているコップに水を入れる。

③砂に水がしみこむのを確認したら、砂の上の水を、あふれている水がなくなるまで、しずかにバケツにすてる。

④カラのコップに砂を移しかえて、上を平らにならす。

⑤コップを少しもち上げて、3、4回つくえの上にコンコンと落とす。さて、どうなるでしょうか？

※砂の粒の大きさなどによって、結果がことなる場合があります。

砂　水　なにも入れない

砂の上の水はバケツにすてる

つくえの上に3、4回かるく落とす

➡ 水がふき上がるのが分かります。これが、液状化現象のしくみです。

■ 地震によっておこる火災とは？

　地震によっておこる火災の大部分は、ゆれによって発生し、同時に多くの場所で出火します。崩れる建物の数が多いほど、火災の範囲も広くなります。
　東北地方太平洋沖地震では、兵庫県南部地震などと同じ地震によるゆれが原因の火災のほか、津波によっても多くの火災が発生しました。しかも燃えているものが波に乗って移動し、建物などに着火したので、さらに火災が拡大しました。

ビルが火事だっ！

危ないから回り道して行こう！

■ 地震火災のおそろしさ

　地震による火災は、同時に多くの場所でおこるうえ、建物が崩れたり、電柱がたおれたり、道路じたいがこわれていて消防車が道路を通れなかったり、消火栓や水道管がこわれて水が出ないことが重なって、消火活動が十分にできず、どんどん広がってしまうことがあります。

　1923年の関東大震災では、このような理由に加えて、昼食の準備で多くの人が火を使う時間に発生したこともあり、火災による被害がさらに広がりました。

　また、強い地震がおきるとしばしば停電がおきますが、その後電気が復旧したときに、電気ストーブや電気スタンド、いたんだ電気コードから出火することもあります。

爆発的に燃え広がる火災「フラッシュオーバー」はこわいぞ！
使わない電気製品のプラグは、コンセントからぬいておくのだ！

 → 停電 →  電気復旧 →  1分後 →

地震発生！　　　電気ストーブの上に衣類が落下　　　電気ストーブのスイッチが入る　　　煙が発生する

 6分30秒後　発火　　22分後　→　

フラッシュオーバー
火がついた衣類からまわりに火がうつり爆発的に燃え広がる

（参考：消防庁「地震火災から命を守るために　地震発生時における一般住宅の火災危険の再現実験　映像資料」）

■ 建物を強くする！

　地震のときに建物の中にいる確率は高いので、建物をこわれにくくすることは大切なことです。最近の建物の多くは、地震でこわれにくくするために、次のようなくふうがされています。

耐震構造

　柱やはりを太く頑丈にしたり、かべを増やすなどの方法で建物を丈夫にして、建物全体で地震にたえることができるようにします。建物の地震にたえる強さ（耐震強度）がたりなければ、耐震補強工事で柱を強くしたり、丈夫なかべにします。

　ほかには、地震のゆれを直接受けないように装置をとりつける「免震構造」「制振構造」があります。

地面のゆれ

11. 地震災害の記憶

大正関東大地震
関東大震災　1923年9月1日　11時58分32秒　マグニチュード7.9

　神奈川県相模原湾北西沖を震源とした大地震で、神奈川・東京を中心に千葉・茨城から静岡の東部まで広い範囲に大きな被害をもたらしました。
　地震発生の時刻がお昼どきと重なったこともあり、地震発生後の火災によって多くの人が亡くなりました。
　大正関東大地震を忘れないために、毎年9月1日を「防災の日」とさだめ、全国各地で防災訓練などをおこなうようになりました。

東北地方太平洋沖地震
東日本大震災　2011年3月11日　14時46分18.1秒　マグニチュード9.0

　太平洋三陸沖を震源とした、日本の観測史上最大の大地震です。東北から関東にかけての東日本一帯に大きな被害をもたらしました。とくに津波により、多くの方が亡くなりました。津波の被害を受けなかったところでも、関東・東北地方の広い範囲で液状化現象や地盤沈下がおこりました。
　津波に対するいろいろな備えとともに、広い範囲でおこる大災害に対する備えの大切さがあらためて見なおされ、現在、対策がすすめられています。

兵庫県南部地震

阪神・淡路大震災　1995年1月7日　5時46分52秒　マグニチュード7.3

　兵庫県淡路市にある野島断層を震源とした大地震で、兵庫県、大阪府、京都府など人口の集中する大都市を直撃しました。はげしいゆれによって多くの建物が崩れました。地震の発生はまだ多くの人が寝ている時間であったため、古い木造の家が倒壊して下じきになり、大勢の方が亡くなりました。

　また、道路や鉄道などにも大きな被害があり、神戸市では広い範囲で火災も発生しました。

　都市における防災・減災対策などについてあらためて考えるきっかけとなりました。

豊中市消防本部（現・豊中市消防局）救助隊員の記憶

　阪神・淡路大震災では、大阪府豊中市も大きな被害を受けました。多くの家がこわれ、電気、水道やガスも止まり、道路もあちこちで通行止めになりました。

　そのとき、住民をたすけるために災害現場で活動した救助隊員の記憶です。

（倒壊した木造の建物）

（損壊したマンション）

1995年1月17日 午前8時13分。
地震発生より約2時間半

「5階建ての社員寮が崩れて、1階にまだ人がいるんです！」という通報をうけ、救助隊が出場、現場に到着したときには、1階部分は完全に崩れ、5階建ての建物は、まるで4階建てであったかのようにみえる状況で、建物は今にも崩れそうでした。

　救助隊員は建物の中に進入し、必死に被災者をさがしました。すると、足もとから人の声が聞こえ、確認すると、コンクリートの下に数名がとじこめられていることがわかりました。救助隊は、ツルハシやバールを使って手作業でコンクリートをこわし、地面とコンクリートのわずか1mくらいのすき間にたおれている被災者をたすけ出しました。

　とじこめられた被災者は4名で、全員の救出が完了したのは9時25分でした。

（写真提供：豊中市広報広聴課　協力：豊中市消防局　※写真は本文中の社員寮ではありません）

12. 地震災害に備えて知っておこう！

> **！ いざというときのために・・・家族と確認しておこう**
>
> いざ地震がおそってきたときにどうすればよいか、家族で話しあって確かめておきましょう。
>
> ☐ 家は地震でこわれないように頑丈にできていますか？
> ☐ 家の中で危ない場所はありませんか？
> ☐ 避難する場所や、そこまで行く安全な道はわかりますか？
> 　　※ハザードマップで自分が住んでいる地域の危険も調べてみましょう。
> ☐ 地震がおきたときの待ちあわせ場所を決めていますか？
> ☐ 連絡方法を決めていますか？
> ☐ 非常用持ち出し品は用意していますか？
> 　　※家族が3日間すごせるくらいの水や食べ物、下着や服などをまとめて
> 　　リュックにつめてすぐに持ち出せるように準備しておきましょう。

- 非常用持ち出し品は用意してる？
- 横坂小学校だよね
- 地震がおきたときの待ちあわせ場所は？
- ボジョレー、ちゃんと準備してるわよ！

知ってて安心！

⚠ 地震災害がおこると電話はつながりにくくなる

地震災害がおこると、電話線が切れたり、みんながいっせいに電話をかけて連絡をとりあおうとするので、電話はつながりにくくなります。

電話がつながらなくてもあせらずに、「災害用伝言ダイヤル 171」やケータイの「災害用伝言板」などを使えば、自分のメッセージを録音したり、家族からのメッセージを聞くことができます。

つ、つながらない…

災害用伝言ダイヤル171の使い方

※音声ガイダンスにしたがってください。

メッセージを録音する

1 7 1 をおす。→ 1 をおす。

→おうちの電話番号を市外局番からおす。
0 X X X X X X X X X

→メッセージをしゃべる。

録音されたメッセージを聞く

1 7 1 をおす。→ 2 をおす。

→おうちの電話番号を市外局番からおす。
0 X X X X X X X X X

→メッセージを聞く。

災害用伝言板の使い方

自分が使っているケータイ会社のホームページで確認しましょう！

⚠ 避難に備えて、非常用持ち出し品を準備しておきましょう

ヘルメット／預金通帳・現金／電池／ラジオ／懐中電灯／救急セット／水・非常食（飲料水 1人1日3L必要）／タオル・衣類など

◆ 監修 ◆

柴山元彦（しばやま・もとひこ）

自然環境研究オフィス代表、理学博士。NPO法人「地盤・地下水環境NET」理事。大阪市立大学、同志社大学非常勤講師。

1945年大阪市生まれ。大阪市立大学大学院博士課程修了。38年間高校で地学を教え、定年後、地学の普及のため「自然環境研究オフィス（NPO）」を開設。近年はNHK文化センター、毎日文化センター、産経学園などで地学関係の講座を開講。また、インドネシアの子供のための防災パンフ（地震、津波、火山）を作成し、ボランティアの普及活動を行っている。著書に『自然災害から人命を守るための防災教育マニュアル』（共著、創元社）など多数。

戟忠希（ほこ・ただき）

（株）HOKOネットワーク代表取締役社長、NPO法人「地盤・地下水環境NET」専務理事、一般社団法人知財経営ネットワーク理事。技術士（応用理学部門、総合技術監理部門）、APEC ENGINEER (Civil, Structual)、環境計量士、一級土木施工管理技士。

1954年大阪府生まれ。大阪市立大学理学部卒。大手建設コンサルタント会社勤務の後、独立し現在に至る。近年は、科学技術の振興および環境保全活動の推進、企業の技術評価や技術移転などを手がけている。著書に『自然災害から人命を守るための防災教育マニュアル』（共著、創元社）など多数。

◆ 文・イラスト ◆

まつした・くにこ

兵庫県豊岡市生まれ。三重短期大学被服卒。インナーアパレルに勤務後独立、子供服の企画・デザインを手がける。2002年（株）モンキャラメルを設立後、キャラクターデザインやアニメーション制作に携わる。2010年心肺蘇生法学習用DVD〈たたかう！救急アニメ　救え！ボジョレー!!〉を制作。学校や消防をはじめ、全国の講習会で広く利用されている。近年は、大阪市消防局の『ボジョレーに教わる救命ノート』、豊中市消防局の救急キャラクターなど、救急関係の学習コンテンツも手がける。

ボジョレーといっしょに学ぶ自然災害　地震の災害

2015年11月20日　第1版第1刷発行

監修者　柴山元彦／戟　忠希

文・イラスト　まつした　くにこ

発行者　矢部敬一

発行所　株式会社　創元社
　　　　http://www.sogensha.co.jp/
　　　　本　社　〒541-0047 大阪市中央区淡路町 4-3-6
　　　　　　　　TEL 06-6231-9010（代）　FAX 06-6233-3111
　　　　東京支店　〒162-0825 東京都新宿区神楽坂 4-3 煉瓦塔ビル
　　　　　　　　TEL 03-3269-1051

装　丁　森　裕昌

印刷所　図書印刷株式会社

©2015 SHIBAYAMA Motohiko & HOKO Tadaki & MATSUSHITA Kuniko, Printed in Japan
ISBN978-4-422-31040-4 C0036

〈検印廃止〉落丁・乱丁のときはお取り替えいたします。定価はカバーに表示してあります。

JCOPY　〈（社）出版者著作権管理機構　委託出版物〉

本書の無断複写は著作権法上での例外を除き禁じられています。複写される場合は、そのつど事前に、（社）出版者著作権管理機構（電話 03-3513-6969、FAX 03-3513-6979、e-mail info@jcopy.or.jp）の許諾を得てください。